Jennifer Rathbun

El libro de traiciones
The Book of Betrayals

Poesía / Poems

artepoética press

Nueva York, 2021

El libro de traiciones / The Book of Betrayals

ISBN-13: 978-1-952336-06-5
ISBN-10: 1-952336-06-6

Design: © Carlos Velasquez Torres
Cover & Image: ©Jhon Aguasaco
Editor in chief: Carlos Velasquez Torres
E-mail: carlos@artepoetica.com
Mail: 38-38 215 Place, Bayside, NY 11361, USA.

Jennifer Rathbun

El libro de traiciones
The Book of Betrayals

Poesía / Poems

artepoética
press

Contenido / Contents

Pintada sobre piedra
Painted on Stone

Herencia
Inheritance

For my daughter, Amaya Zoé Rojas

Pintada sobre piedra

Painted on Stone

Xochiquetzal

Obligada a escribir mis propios versos de amor
me recreo como la diosa de las flores
de las cuatro direcciones hechicera
autora de mis tres divinidades
amante en dos lenguas
brotando entre la piel
sacrificada sobre el
altar del templo
mayor

Xochiquetzal

Forced to write my own love poems
I remake myself like the flower goddess
of the four directions seductress
author of my three divinities
lover in two languages
blossoming between skin
sacrificed on the altar
of the high
temple

Malintzin

En el códice de mi vida
        estás pintada de colores
coronas las azoteas de palacios
adornada con vestimenta roja
        o las conchas de tu voz
náhuatl   español   maya
marcando la historia para siempre
con el nacimiento de la nueva raza

Ojos azules abren a las Américas
tus veinticinco años
        princesa real o esclava
—realmente no importa—
intérprete valiente
madre de una nueva lengua
        en la que ahora amo

Malintzin

In the codex of my life
        you're painted in full color
crowning palace rooftops
adorned with red vestments
        or the shells of your voice
Nahuatl   Maya   Spanish
forever marking history
with the birth of a new race

Blue eyes open to America
your twenty-five years
        royal princess or slave
—it doesn't really matter—
brave interpreter
mother of a new tongue
        in which I now love

El sueño de Malinche

—*"El sueño de la Malinche" (1939) del
artista mexicano Antonio Ruíz*

Tendida de costado, desnuda bajo sábanas doradas de seda
a la altura de las caderas una iglesia colonial
tejados rojos coronan casas de adobe
adornadas con una hilera de verdes árboles frutales
habitando el pueblo en las faldas de la colina
en los pliegues de la tela que arropa mi cuerpo
los pies descalzos cuelgan del
borde de la cama mientras en la cabecera acuno
mi cabeza coronada en negro

todo fue un sueño
      el rayo partido
            atravesando la pared azul
dijo más de lo que se le permitió pronunciar jamás
a mi lengua de intérprete:
la grieta en mi abdomen
                  nunca fue conciliada

Malinche's Dream

— *"The Dream of Malinche" (1939) by*
Mexican artist Antonio Ruíz

Lying on my left side, naked under golden silk sheets
at the height of my hips a colonial church
red tiled rooftops blazon adobe homes
adorned with green fruit trees in a row
populating the town at the foot of the hill
in the folds of the fabric tucked around my body
bare brown feet hang off the
edge of the bed while at the top I cradle
my head crowned in black

it was all a dream
        the split lightning bolt
                        piercing the blue wall
said more than my interpreter's tongue was ever allowed
to speak:
that crevice in my abdomen
                        was never bridged

Tierra natal

Malinche,
Malintzin,
Doña Marina,
madre de mi alma,
¿Dónde están tus hijos ahora?
¿Los lloras a la orilla del río,
los lamentas en los sueños?
¿Dónde están tus hijos?

Malinche,
Malintzin,
Doña Marina,
en azul
celeste o blanco lloroso
¿Me llorarás debajo de la luna
al deambular por el valle,
te habrás extraviado?

Malinche,
Malintzin
Doña Marina,
seductora traidora víctima,
danos tu lengua de nuevo
crea una nueva nación
México se ha ahogado
y Aztlán desaparece.
¿Dónde están tus hijos?

Motherland

Malinche,
Malintzin,
Doña Marina,
mother of my soul,
where are your children now?
Do you weep for them at the river's edge,
mourn them in your dreams?
¿Dónde están tus hijos?

Malinche,
Malintzin,
Doña Marina,
in celestial blue or weeping white
will you cry for me beneath the moon
as you wander through the valley,
have you lost your way?

Malinche,
Malintzin,
Doña Marina,
seductress treacherous victim,
give us your tongue once again
create a new nation
Mexico has drowned
and Aztlán disappears.
¿Dónde están tus hijos?

Palacio Nacional

—"La historia de México" (1929-1935) del
muralista mexicano Diego Rivera

Mis hijos fueron pintados
en las paredes del palacio
sobre piedras
que una vez alzaron templos
Mis hijos fueron
golpeados
en abandono
esclavitud
Mis hijos fueron
fuertes
resistentes
de vida repletos
fueron semillas
sus colores adornan
las paredes del Palacio Nacional
en el corazón de la ciudad
que late con los tambores
de mis descendientes
Mis hijos sobrevivieron
no los ahogué
en el río
no me escapé al monte
enfrenté las espadas
di a luz a un crío y a una cría mestizos

National Palace

— "The History of Mexico" (1929-1935) by
Mexican muralist Diego Rivera

My children were
painted on the palace walls
over stones
that once raised temples
My children were
beaten
enslaved
abandoned
My children were
strong
resilient
full of life
they were seeds
their colors adorn
the walls of the National Palace
in the heart of the city
that beats to drums
of my sons and daughters
My children survived
I did not drown them
in the river
I did not flee to the mountaintops
I faced the swords
I bore a mestizo son and daughter

Mis hijos pintados en las paredes
escaleras y corredores
ahora hablan por mí
Yo soy tu madre vestida
de blanco, con las piernas tatuadas
o cargando mi bebé de ojos azules
                              en la espalda

My children painted on the walls
staircases and corridors
speak for me now
I am your mother dressed
in white, bearing tattooed legs
or carrying my blue-eyed baby
                              on my back

Marina

Palabras como flores
brotan de estas manos,
tras abrasadoras espadas españolas,
esparzo semillas de pasión.

Palabras como flores
nos conceden amores nuevos
de esta hermosa princesa o esclava,
fruto del cuarto sol.

Palabras como flores
grabadas con oro y sangre
sobre las páginas de la historia
donde las águilas se inclinan a mis pies.

Palabras como flores
se despliegan de mi vientre,
hijos mestizos
nombres nuevos para la tierra sagrada.

Marina

Words like flowers
sprout from these hands,
beneath blazing Spanish swords,
I spread seeds of passion.

Words like flowers
bestow upon us new loves
from this beautiful princess or slave,
a fruit of the fourth sun.

Words like flowers
etched in crimson and gold
across pages of history
where eagles bow at my feet.

Words like flowers
blossom from my womb,
mestizo sons and daughters
new names for hallowed grounds.

Pintada sobre piedra

— "Cortés y La Malinche" (1926)
del muralista mexicano José Clemente Orozco

Arrodíllate ante
este rostro de piedra
ojos abajo
trenza negra
seno izquierdo desnudo
piel de barro refractario
tomándole su mano

escalera de piedra
por siempre ladeada
inclinada sobre la historia
espigas de maguey
y a los pies
un indio caído

fuerza refrenada
Eva tras Adán
o retrato del
nacimiento de una nación

secretos no resueltos
imágenes de ceniza
tras el patio
central de luz

Painted on Stone

—*"Cortés and La Malinche" (1926)*
by Mexican muralist José Clemente Orozco

Kneel before this
stone face
lowered eyes
black braids
naked left breast
clay fire flesh
holding his hand

stone stairwells
forever inclined
leaning over history
maguey spikes
and beneath feet
a fallen Indian

restrained strength
Eve behind Adam
or portrait of
the birth of a nation

unresolved secrets
ashen images
behind the central
patio of light

Coatlicue

Mujer me ven
y me imponen la penitencia de barrer

de prostituta me acusan
y quieren con sus manos privarme de la vida

luego me nombran diosa
en una piedra me encarcelan

me proclaman historia
y en un museo me recluyen

yo, madre de la luna, 400 estrellas y el sol guerrero
regresaré a mi santuario, la sagrada montaña

Coatlicue

They see me woman
and impose the penitence of sweeping

they accuse me of prostitution
and try to take my life with their hands

then they name me goddess
incarcerate me in stone

proclaim me history
and lock me away in a museum

I, mother of the moon, 400 stars and the warrior sun
will return to my shrine, the sacred mountain

Coyolxauhqui

hermana guerrera
descuartizado
cuerpo de la luna

descubierta al amanecer
trabajadores de luz
desentierran tu historia

revelando antiguos
secretos guardados
en la piedra

descartada
al pie del
templo

expuesta
en el fogón
de lo que fue

nuestro hogar
vestida únicamente
con jade y plumas

mi hermana guerrera
diosa de la luna con
campanas doradas

Coyolxauhqui

warrior sister
dismembered
body in the moon

discovered at dawn
workers of light
unearth your story

revealing ancient
secrets kept
in stone

discarded
at the foot
of a temple

displayed
in the hearth
of what was

once home
dressed only in
feathers and jade

my sister warrior
moon goddess with
golden bells

guía las estrellas
cada noche
tras el cielo

en una eterna
lucha contra
nuestra madre

leads stars
across the sky
every night

in eternal
battles against
our mother

Ixchel

Diosa maya de la luna
  llueve sobre mi sagrada tierra esta noche
   alimenta la ceiba del buenamor
    que da testimonio a nuestra fe

Te honramos con ceremonia y canción
  construimos una casa, Ixchel, sobre tu piedra
   con familia llenamos tu bosque
    por el resto de los días

Diosa maya de la luna
  bendice el nacimiento de este deseo
   de vivir, reír y amar
    bajo tus hojas nocturnas

Ixchel

Mayan moon goddess
      rain on my sacred land tonight
            nourish the Ceiba tree of good love
                  that bears witness to our faith

We will honor you with ceremony and song
      build a home, Ixchel, upon your rock
            fill your forests with family
                  for the rest of our days

Mayan moon goddess
      bless the birth of this desire
            to live and laugh and love
                  under your nocturnal leaves

Malinche

De la palabra *amante*
        mujer se despertó la voz
                nombrando el sexo
cometió la más sabrosa infidelidad

 entrelazó su lengua con otra
        abrazó su canto
              —traición—

al fin comprendió su destino:
                traductora

Malinche

From the word *lover*
      the voice awoke woman
          naming her sex
she committed the most salacious infidelity

her tongue intertwined with another
      embracing his chant
             —treason—

at last she understood her fate:
             translator

Traductora

Al temer mis propios versos,
        hablo por otros.
Sus rimas, no las mías, ocupan mi tiempo
interminables cartas indagatorias, biografías.

Estos versos
no exponen mi voz—
siempre me escondo tras la máscara.

Los míos están a salvo, bien arropados,
escondidos de la luz.

¿Por qué uso mi tiempo, talento,
traduciendo los pensamientos ajenos a los versos escritos
en inglés?
¿A quién realmente escuchas?

Guardo mis poemas cerca del corazón
los comparto lentamente, uno cada vez.
Pasan diez años y nadie me lee—salvo mis nueve poemarios
en traducción y casi tres docenas de poemas.

Relativa a mi, sigo a salvo. Siempre traductora,
nunca poeta.

La historia puede juzgarme como a la Malinche—
para salvar su vida habló por otros.
Jamás conoceremos
sus propios deseos.

Translator

Fearing my own verses,
        I speak for others.
Their rhymes, not mine, occupy my time
never-ending letters of inquiry, biographies.

Those verses
don't expose my voice—
I'm forever hidden behind the mask.

My own remain safe, tucked tightly away,
hidden from light.

Why do I spend my time, talent,
translating other's thoughts into English verse?
Whose voice do you really hear?

I hold my poems close to my heart
share them slowly, one at a time.
Ten years go by and no one reads me—just my nine poetry
books in translation and three dozen or so poems more.

As for me, I'm still safe. Always the translator,
never the poet.

History can judge me like Malinche—
she spoke for others to save her life.
We know nothing of her
own desires.

¿Hablas español?

Cabezas giran.
Susurros   miradas.

¿Hablas español?
¿Cómo, dónde, cuándo?
¿Los hijos hablan español?
¡No pareces hispanohablante!

¿Cómo es que se ve exactamente una hispanohablante?

¿Soy una Malinche entre culturas
traidora, traductora, madre?
Hablo la lengua de los "invasores"
di a luz a dos críos mezclados
sangre mestiza en mis venas
me hace tan hispana como ella

Juzgada por mi lengua
ya no "americana,"
¿los mexicanos, latinoamericanos,
hispanos, Latinx también preguntarán
por qué hablo español?

You Speak Spanish?

Heads turn.
Whispers   stares.

You speak Spanish?
How, when, where?
Do your children speak Spanish?
You don't look like a Spanish speaker!

What exactly does a Spanish speaker look like?

Am I a Malinche between cultures
traitor, translator, mother?
I speak the language of the "invaders"
bore a mixed son and daughter
mestizo blood in my veins
makes me just as Hispanic as her

Judged by my tongue
no longer "American"
will the Mexican, Latin
American, Hispanic, Latinx
ask why I speak Spanish too?

Mestizaje

Yo no nací en tierra mexicana
mi sangre no cuenta con el canto de flautas de barro y
/antiguas conchas
de niña no me cantaban *caballitos blancos* ni soñé
/con angelitos
mi lengua torpe apenas floreció mujer
pero he llevado este espíritu grande mexicano
ardiendo en mí desde que
abracé a cien niños de ojos grandes
subí los antiguos templos sagrados
corrí por las calles metropolitanas
escuché su canto en el pecho
bailé al son de los voladores
vi la belleza de las diosas caídas
compartí la mesa con la familia
conversé con mi alma despierta en México por fin
y llevé sangre mestiza dentro de mi vientre
yo no crecí viendo hacia el norte
Aztlán siempre estuvo en mí
y ahora como mis antepasados
ya llamo al nopal donde
un águila devora
una serpiente
mi hogar

Mestiza

I wasn't born on Mexican soil
my blood didn't dance to clay flutes and conch
/shell trumpets
as a child I wasn't sung *caballitos blancos* nor did I dream with
/little angels
my awkward tongue only just flowered woman
but I have carried this Mexican spirit
burning in me since I
embraced one hundred wide-eyed children
climbed sacred temples
ran through metropolitan streets
felt its chant in my chest
danced to the rhythm of the Flyers
saw the beauty of fallen goddesses
shared a table with *familia*
spoke with my soul awakened in México at last
and carried mestizo blood in my womb
I didn't grow up looking to the north
Aztlán was always in me
and now like my ancestors
I call the nopal where
eagle devores
serpent
home

Una guerrera nueva

En la *Calle 20 de noviembre*
—Día de la Revolución Mexicana—
Una soldadera nueva, una guerrera nueva, se levanta
Diana cazadora
o simplemente "Juarense y Poderosa"

Levanta su puño del asfalto
como la virgen diosa de mujeres y el parto
o como niña huérfana
su madre una de las incontables
desaparecidas y olvidadas por la ciudad
para ofrecernos fuerza y esperanza
levanta los ojos al cielo
juarense y poderosa
sonríe

A New Warrior

On the *Calle 20 de noviembre*
—Day of the Mexican Revolution—
a new soldadera, a new warrior arises
Diana the Huntress
or rather "Juarense y Poderosa"
from Juarez and Strong

she raises her fists from the asphalt
as the virgin goddess of women and childbirth
or as a young orphaned girl
her mother one of the countless
disappeared and forgotten by the city
to offer us strength and hope
she lifts her eyes to the heavens
from Juarez and strong
smiles

Intercesión

*—a las víctimas de feminicidio en nuestra
ciudad hermana Ciudad Juárez, México*

Ave María (¿o es Santa María?)
—esta vela ya la he prendido antes—
Madre de Dios,
—que suban con el humo mis plegarias—
ruega por nosotros, pecadores,
—aunque no estoy pidiendo perdón—
ahora y en la hora de nuestra muerte
—me preocupa más ahora la vida—
Dios te salve María, llena eres de gracia
—proteger la vida de nuestras mujeres—
El Señor es contigo
—que definitivamente no se encuentra en la tierra—
Bendita eres entre todas las mujeres
—benditas las mujeres, las desaparecidas, las violadas,
/las mujeres asesinadas—
y bendito es el fruto de tu vientre, Jesús
—y benditos los que buscan justicia—
Jesús

Intercession

*—to the countless victims of femicide in our
sister city Ciudad Juárez, Mexico*

Hail Mary (or is it holy Mary?)
—I've lit this candle before—
Mother of God,
—may my prayers ascend with its smoke—
pray for us sinners
—although I'm not asking for forgiveness—
now and at the hour of our death
—I'm more concerned now about life—
Hail Mary, full of grace
—about protecting our women's lives—
The Lord is with you
—But he's most definitely not here on earth—
Blessed are you among women
—blessed are the women, the missing, raped and
/murdered women—
and blessed is the fruit of your womb, Jesus
—and blessed are those who seek justice—
Jesus

Peligro prohibido el paso

Hoy cierran las fronteras
las puertas de Aztlán cerradas con candado
jamás pueden pasar
no vengan aquí
madre, nuestra querida madre
ves
como enjaulan
los más débiles de tus hijos
les rocían gas lacrimógeno
las madres huyen
jalan a sus niños por los brazos
tapando a los bebés que se ahogan con los gases
mueren por respirar nuestra libertad
madre, nuestra querida madre
escuchas sus llantos
desesperados
implorando entrar de nuevo
a su sagrada tierra
que alguna vez fue su hogar
aunque blanqueado ahora
antes era un bronce indígena
y su abundancia puede alimentar
a todos otra vez
por qué sus temores de casa
madre, nuestra querida madre
resurgen en nuestra frontera
las fuerzas armadas los bloquean
violando derechos humanos

Danger No Trespassing

Today the borders are closed
Aztlán's doors are bolted shut
no entry no more
don't come here
mother, our dearest mother
do you see
how they cage
the weakest of your children
tear gas them
mothers flee
pulling toddlers by their arms
covering babies choking on gases
gasping for a breath of our freedom
mother, our dearest mother
do you hear their cries
of desperation
pleading to be let back into
their sacred lands
this was once their home
though whitewashed now
it was indigenous brown
and its bounty can feed
them all again
why must their fears of home
mother, our dearest mother
resurface at our border
armed forces block them out
violating human rights

madre, nuestra querida madre
protégelos en su peregrinaje
que vean más allá del odio
más allá de la supremacía envuelta
en estrellas caídas y rayas enfurecidas
cargando una cruz vacía
tu amor jamás negaría a tus hijos
madre, nuestra querida
madre amada,
por favor tráelos a casa.

mother, our mother
protect them in their pilgrimage
may they see beyond the hatred
beyond the supremacy wrapped
in fallen stars, angry stripes
carrying a hollow cross
your love would never deny your children
mother, our dearest
most beloved mother,
please bring them home.

Boda Mestiza

Mestizo Wedding

Templo de la luna

Ataviada con esta lengua ardiente
como la virgen al templo
        te ofrezco mi divinidad

Temple of the Moon

Dressed with this burning tongue
as the virgin to the temple
        I offer you my divinity

Sacrificio

Ataviada
con luz
y coronada con estrellas
espero a solas
en el altar de piedra
del amor
sin saber
si el sol
sacará mi
corazón
con su
navaja de
obsidiana

Sacrifice

Dressed
in light
and crowned with stars
I await alone
on the stone altar
of love
not knowing
if the sun
will take my
heart
with his
obsidian
blade

Templos de piedra

Tu
cuerpo
y mi cuerpo
atraídos por el fuego
antiguo bajo el templo del sol
son   uno
un   deseo
un   desafío
una unión sin nada entre nosotros salvo las estrellas

Stone Temples

Your
body
and my body
drawn by the ancient fire
beneath the Temple of the Sun
are   one
one   desire
one   defiance
one union with nothing between us but the stars

Ciudad materna

Concédenos
lluvia nocturna
en el valle celestial
de maíz

Mother City

Grant us your
nocturnal rain
in the heavenly valley
of maize

Teotihuacán

Tus ojos reflejan
los altares de mil templos
del pueblo antiguo los guerreros dioses
una boda en la calzada de la muerte
ofrendas a la virgen del Tepeyac
la lengua de la traidora
el llanto de la madre
el deseo de la diosa
de unirse a ti
con la luna como testigo
confundirse con
la virgen madre traidora
al gozar de los deseos más oscuros de los dioses

Teotihuacan

Your eyes reflect
altars of a thousand temples
warrior gods from original pueblos
a wedding on the Avenue of Death
offerings to the Virgin of Tepeyac
the traitor's tongue
a mother's cry
the desire of the goddess
to join you
with the moon as her witness
lose herself as
the virgin mother traitor
and savor the darkest desires of the gods

Templo del sol

Lisos e inclinados escalones de piedra
ascendiendo hacia el sol o al centro azul del universo
nos inclinamos ante el altar al subir
honrando
el regalo de la buena vida
siempre mirando desde arriba
la calzada de la muerte
desbordando ahora con
cientos de niños escolares
en uniformes coloridos
riéndose, dándose la mano
en fila de a uno
desfilando hacia la luna
por el centro de la muerte
entre rugidos del jaguar, el cantar de los pájaros
y máscaras con joyas de obsidiana
llegamos a la cima y saludamos
las direcciones cardinales
asombrados por la grandeza de
la historia abandonada
bajo nuestros pies preguntamos:
¿Bajaremos los escalones sagrados
o le sacrificaremos el corazón al este?

Temple of the Sun

Smooth steep stone steps
ascending towards the sun or the blue center of the universe
we bow to the altar as we climb
honoring
the gift of good life
always overlooking
the Avenue of Death
overflowing now with
hundreds of school children
in bright colored uniforms
laughing, holding hands
in a single-file line
parading towards the moon
down the center of death
between jaguar cries, bird songs
and obsidian jeweled masks
we reach the summit and salute
the cardinal directions
amazed at the grandeur of
abandoned history
beneath our feet we ask:
Shall we descend the sacred steps
or sacrifice our hearts to the east?

Boda mestiza

En la calzada de la muerte una boda
su beso ardiente enciende la luna
tras los templos de piedra
erupciones en el monte Tepeyac
honor el que le rinden a la virgen
lluvia de papelitos plateados
coronan a esta diosa

Mestizo Wedding

Mestizo wedding on the Avenue of Death
burning kisses ignite the moon
beyond the stone temples
explosions on Mount Tepeyac
honors offered to the virgin
a rain of shiny silver confetti
crowns this goddess

El cáliz de jade

Anhelante de sentir respiración sobre los senos
me extiendo en las piedras húmedas
al hacerle el amor al viento

nuestra ceremonia
canto de la gran diosa
una cruz de agua
sobre la plaza de la luna

brisa suave
acariciando templos
unión
bendita por
ofrendas
enterradas en lo profundo
de su corazón

el chamán
levanta el cáliz de jade
al ritmo de
los tambores huéhuetl y trompetas de concha
al tomar de su vino
consagramos nuestra comunión

boda
indígena
mirando al oeste
en la

Greenstone Chalice

Longing to feel breath over breasts
I stretch out over humid stones
make love to the wind

our ceremony
song of the Great Goddess
a cross of water
over the Plaza of the Moon

gentle breeze
caressing temples
union
blessed by
offerings
buried deep within
its heart

the shaman
raises his greenstone chalice
to the rhythm of
huehuetl drums and conch shell trumpets
we drink its wine
consecrate our communion

indigenous
wedding
facing west
on the

calzada de la muerte
bajo la sombra de la luna
donde yo me entrego al viento

Avenue of Death
beneath the shadow of the moon
where I surrender to the wind

Comunión

Al tomar
el dulce verso
de mi seno
nuestros cuerpos
escriben
el misterio

Communion

Sipping
sweet verses
from my breast
our bodies
write
the mystery

Humedad

Eres aire
y yo agua
el aire acaricia llamas
y yo, tierras
la humedad de mi cuerpo
condensa el aire
ahógate en mi
atrévete a navegar
este cuerpo

Humidity

You are air
and I water
air caresses flames
and I, earth
my body's dampness
condenses air
drown in me
dare to navigate
this body

El tacto

Tu tacto
—mapa de las constelaciones de mis lunares—
éxtasis consagrado en la piel cuando
labios acarician sueños
alza tu tacto al sol nuestro brillo,
y el corazón,
el corazón latiendo entre nosotros
tras las espigas doradas
—fértiles filos en las praderas antes desnudas—
cree
que el tacto encenderá el faro
azul en la ventana a guiarnos a
los placeres de piel
sobre piel

Touch

Your touch
—map of the constellations of my birthmarks—
rapture enshrined in flesh when
lips brush across dreams
your touch raises our radiance to the sun,
and the heart,
the beating heart between us
beyond the golden blades
—fertile spikes in the once bare meadow—
believes
that touch will light the blue
beacon in the window to guide us to
the pleasures of skin
on skin

Plegarias

Déjame correr las avenidas de tu ciudad sagrada
descubrir rutas escondidas que al templo te encaminan
pasear por los senderos y montes de tu mapa
y hundirme en el ritmo de plegarias ancestrales

que el bordón de los tambores y el incienso
limpien el pasado de mi descarriado corazón
y me lleven por las calles empedradas
que nos volverán a unir

Prayers

Let me run the avenues of your sacred city
discover hidden routes to greenstone temples
walk the pathways and mountaintops of your map
and sink into the rhythm of ancestral prayers

may the drone of drums and burning incense
cleanse the past from my wayward heart
and lead me down cobblestone streets
that will reunite us once again

El libro de traición

The Book of Betrayal

Su vuelo   su silencio

La vida con el poeta, dicen,
ha de ser maravillosa
por la mañana versos
estribillos en la tarde
en las noches   poemas.

El canto del poeta, dicen,
ha de llenar la alcoba
con ritmos, rimas y
metáforas hermosas.

Nadie conoce el lado
oscuro del poeta, digo,
cómo he de explicarles
el silencio
cuando no encuentra su vuelo.

His Flight   His Silence

Life with a poet, they say,
must be marvelous
morning verses
afternoon refrains
and at night   poems.

The poet's song, they say,
must fill the chamber
with rhythm, rhymes and
majestic metaphors.

No one knows the darkness
of the poet, I say,
how can I explain
the silence
when he doesn't take flight.

Mentiras susurradas

Al oído me susurró versos
con metáforas me circuló
deletreó el amor con rima y ritmo
en la palma de las manos encendió el deseo
me adornó con su poesía
eternidad escribió tras las páginas en blanco de la vida
y me desvistió en la biblioteca donde
espero tiritando a solas recitada
en las palabras del libro de sus traiciones

Whispered Lies

He whispered verses in my ear
encircled me with metaphors
spelled love with rhyme and rhythm
ignited desire in the palm of my hands
he adorned me with poetry
wrote eternity across the blank pages of our lives
then disrobed me in the library where
I await shivering alone recited
in the words of his book of betrayal

El libro de traición

La vida me otorgó *El libro de traición*, el que dejaron fuera de la palabra sagrada, donde el amor no es gentil, el amor no es amable, donde el amor se jacta y es envidioso, orgulloso y te obliga a recostarte en praderas verdes a llorar de tristeza, donde te afliges, te arrancas el corazón, donde estás triste, cuarenta días en el desierto no limpiarán el dolor del alma, ningún arbusto ardiendo te iluminará el camino hacia adelante, no hay ni un solo mandato para los descorazonados y aun si te dijeran que no llorarás más, llorarás al amanecer y levantarás los ojos al cielo clamando por redención, venganza, consuelo, tiempo pero no hay tiempo y la voz de Dios no resurge de las cenizas de tu corazón, el abrazo de la Santa Madre no te alcanza y no hay religión, ninguna fe, nada de amor en *El libro de traición* y llorarás nuevamente al mediodía y medianoche por ansiar gracia y no encontrarla, en las páginas de la traición únicamente hay mentiras, mentiras cuando estás en la dulce espera, mentiras cuando cuidas de tu hogar, las mentiras te dejan envejecida, abandonada, pobre, mentiras, a nadie le importa la mujer abandonada, ella es evadida como si fuera ella la pecadora, la prostituta, la causa de la ruina, *El libro de traición* me quemó las manos, abrasó mi alma, me hizo sangrar los ojos, pero no lo podía dejar y pasé página tras página y yo misma me coroné de espinas, página tras página y me crucifiqué en la cruz del amor y allí cuelgo, quebrantada, sangrienta y traicionada.

The Book of Betrayal

Life gifted me *The Book of Betrayal*, the one left out of holy scripture, where love is not gentle, love is not kind where it is envious, boastful and proud and it makes you lie down in green pastures to weep from sorrow where you grieve, tear your heart out, where you are sad, forty days in the desert will not cleanse your soul from the pain, no burning bushes light the way forward there are no commandments for the broken hearted even if told thou shalt not weep, you will weep at dawn and raise eyes to the heavens clamoring for redemption, vengeance, solace, time but there is no time and God's voice does not arise from the ashes in your heart, the Holy Mother's embrace doesn't pull you in there is no religion, no faith no love in *The Book of Betrayal* and you will weep again at noon and night for wanting grace and not finding it, in the pages of treason there are only lies, lies while you are with child, lies while you tend to your home, lies leave you old, abandoned, penniless, lies, no one cares for the abandoned woman, she is shunned as if she were the sinner, the prostitute, the cause of ruin *The Book of Betrayal* burned my hands, scorched my soul, made my eyes bleed yet I was unable to put it down I turned page after page and crowned myself with thorns, page after page and crucified myself on the cross of love and there I hang, broken, bloodied, betrayed.

Dolor

En la poética del dolor
no el miedo sino el dolor
no tu traición pero el dolor
no la soledad ni la desesperación
sino el dolor de tu poesía
tu poesía infligió dolor
en lo profundo de las entrañas oscuras
de mi maternidad joven esposa
del dolor madre del dolor portadora
del dolor tanto dolor que la abandoné
pero no a ti no podía pasar página
leer un verso escribir una rima
en la poética del dolor
el dolor es abstracto pero en mi
carne veneno intoxicando
mis senos cegándome
a todo amor para que solamente
conociera el dolor única fuente de
la verdad la verdad del dolor de una
que lo ha entregado todo abandonado todo
por un vacío intraducible y este dolor
radiando desde dentro
¿cómo enterrar el dolor sin
enterrarme a mí? ¿leeré
otra vez conociendo el dolor
de tus versos dedicados a otra
dolor escrito a otra dolor susurrado
en oídos mientras le llamabas amante?

Pain

In the poetics of pain
not fear but pain
not your betrayal but pain
not loneliness or desperation
but the pain of your poetry
your poetry caused pain
deep within the darkest bowels
of my young motherhood wife
of pain mother of pain bearer
of pain so much pain that I abandoned
it but not you I couldn't turn a page
read a verse write a rhyme
in the poetics of pain
pain is abstract but in me
flesh venom poisoning
my breasts blinding
me to all love so I would only
know pain sole source of
truth the truth of pain of one
whose given all abandoned all
for untranslatable emptiness and this pain
radiating from within
how do I bury the pain without
burying myself will I
read again knowing the pain
of your verses dedicated to another
pain written to another pain whispered
in ears pain while you called her lover?

Dolor le profesaste a sus dioses dolor tus
versos ardiendo tras mis ojos azules negros
dolor en la poética de la poesía el dolor
en cada vuelta de página dolor
en el libro de amor que le dedicaste
a otra dolor ¿cómo puedo leer sobre
las estrellas cuando tanto dolor
las separa ahora?

Pain you professed to her gods pain your
verses burning beyond my blue eyes black
pain in the poetics of poetry pain
in every turn of the page pain
in the book of love you dedicated
to another pain how can I read about
the stars when they are separated
now by so much pain?

Molinillo coronado de nieve

Como niña
arrancaba los molinillos
del césped para soplar un deseo
como velitas de cumpleaños ver cada semilla
flotar en la distancia pequeños deseos soplando en el viento
que sembrarían, crecerían, brotarían sonrisas amarillas, luego
le daría la vuelta al tallo justamente para fabricarme un anillo de
de matrimonio mostrando la mano lentamente enseñando
mi compromiso bajo los rayos del sol veraniego a mis
compañeros del vecindario. A veces nos coronábamos
con diademas de dientes de león, caminábamos
por pasillos imaginarios a fingir besarle
al futuro novio. Hoy corrí por
praderas de diciembre
y pateé cada
molinillo
coronado
de nieve.
No
hubo
un
solo
deseo.
En los asuntos del corazón, ninguno se realiza.

Snow-Capped Puffball

As a child
I'd pluck white puffballs
from the grass to blow a wish
like birthday candles watch each seed
float away small wishes blowing in the wind
that would seed, grow, bloom yellow smiles
then I'd twist the stem just so to fashion myself
a wedding ring holding my hand out slowly showing
off my engagement under the summer sun to my
my neighborhood friends. At times we'd crown
ourselves as well with dandelion diadems, walk
down imaginary aisles and pretend to kiss
our future grooms. Today, I ran
through December fields
and kicked each
snow-capped
puffball.
Not
a
single
wish
made.
In matters of the heart, none of them ever come true.

Lengua muerta

Compartimos un lenguaje secreto
para hablar de nuestro amor,
fantasías reales y realismo mágico.

Tenía un acento de mariposa
y verbos siempre conjugados
en el presente,
mágica eternidad del momento.

Nunca pensamos
que nuestra lengua moriría.

Su vocabulario extinto
dejó de nombrar
tus besos y cómo
pasaste tus dedos por mi cabello.

Ya no hay hablantes nativos
de quienes fuimos.

No apunté ni una sola palabra
cuando agarraste una nueva lengua.

Dead Language

We shared a secret language
to talk about our love,
real fantasies and magical realism.

It had a butterfly accent
and verbs conjugated always
in present tense,
magical eternity of the moment.

We never thought
our language would die.

Its extinct vocabulary
can no longer name
your kisses or how you
ran your fingers through my hair.

There are no native speakers
of what was once us.

I didn't write a single word down
when you picked up a new tongue.

Buqué de despedida

Nuestra despedida
sabía a
música con cuerpo
compuesta
sobre templos de carne con
toques de luz
y roble
mezclados con la sal
de mis lágrimas
y tu piel
sabía a
tus manos
acariciando mi cara
al acercar mis
labios a los tuyos
nunca desviando
tus ojos oscuros
de los míos
y dejó huellas
de moca y
moras
fines de semana
y vino
insinuaba la pasión,
felicidad, tristeza
y amor
nuestra despedida
sabía a ti
y a mi
escribiendo a solas
ahora

Goodbye Bouquet

Our goodbye
tasted
something like
full-bodied
music composed
on flesh temples with
touches of light
and oak
mixed with salt
from my tears
and your skin
it tasted of
your hands
holding my face
while you pulled
my lips to yours
never parting
your dark eyes
from mine
it left
traces of
mocha and
berries
weekends
and wine
hints of passion,
joy, sorrow
and love
our goodbye
tasted of you
and me
writing now
alone

Reflejo

Estos son senos con cerca de cuarenta años
caderas que parieron tres hijos —dos vivos
uno muerto en el útero. Peso de veinte años
se acumula en la cintura. Uñas sin manicura.
Bordes redondos cruzados con
cicatrices y estrías   Mi cuerpo desnudo
el códice sobre el cual la historia se escribe
—aquí el diluvio, allá la destrucción—
bajo la estrella del seno izquierdo
una tierra de nadie   restos del grito de guerra
de amor   remanentes de una
mujer una vez amada.

Reflection

These are forty something year-old breasts
hips that bore three children—two living
one dead in utero. Weight of twenty years
settles around the waist. Unmanicured toes.
Round edges crisscrossed with
stretch marks and scars   My naked body
the codex on which history is written
—here's the flood, there's the destruction—
under the star on my left breast
a no man's land   wreckage of the war cry
of love   remnants of a
once-loved woman.

Herida

Si te dijera
que el dolor ha tatuado mi piel

Si te dijera
que las heridas aún sangran

Si desnudara mi corazón ahora
y el poeta en ti despertara
palabras curativas como bálsamo para envolver mi alma

Si te dijera

¿Qué harías si te dijera

hay una comida sin tocar
soledad demasiado grande para aguantar
y una niña que llora enrollada en la cama,
cruzarás tu desierto
si te dijera esto
o nunca amanecerá?

Wounded

If I told you
how pain has tattooed my skin

If I told you
how wounds still bleed

If I bared my heart now
and the poet in you awakened
healing words like balm to blanket my soul

If I told you

What would you do if I told you

There is an untouched meal
loneliness too heavy to bear
and a girl that cries curled up on her bed,
would you cross your desert
if I told you this
or will it never dawn?

Sola

No tus labios de azúcar en polvo
ni el mango recién rebanado
rociado con copos de chile
no el toque del vino tinto en el aliento
ni el pan calientito recién sacado del horno
ningún recuerdo dulcifica
el sabor amargo del desayuno
a solas el domingo

Alone

Not your powdered sugar lips
or the freshly cut mango
sprinkled with chile flakes
Not the hint of red wine in your breath
or warm bread straight from the hearth
no memory can sweeten
the bitter taste of eating
Sunday breakfast alone

Efectos colaterales

He pasado por el valle de las sombras
he caminado por el fuego de traición
tragado mentiras amargas y guardado
la esperanza en una esquina de mi corazón
he descubierto fuerza dentro de mí
que no sabía que existía solo para revivir horrores
cuando los votos estallan contra promesas hechas
y he visto como el dolor desatado
se despliega hacia la parte de atrás del vacío llamado infinito
donde nada es sagrado nada es luz donde nadie
me abraza en las alegrías y en las penas
en un compromiso de fe de ordenanza sagrada renunciando a
todos, la carne de todos, para amar y valorar
he pasado por el valle de las sombras
he caminado sobre camas de vidrio quebrado y brasas ardientes
con pies sangrientos mientras la llamarada de la traición me
/quemó la carne
el fuego me bautizó, me reveló en sus llamas
consumida en el duelo por un anhelo por la vida
antes de que las indiscreciones convirtieran mi corazón en
el cordero pascual cuya sangre mancha el umbral de esta casa
mas nadie se salva del mal de la infidelidad
no podrá haber pascua ni libertad   de su esclavitud

Aftermath

I have passed through the valley of shadows
walked through the fire of betrayal
swallowed bitter lies and tucked
hope away into a corner of my heart
I have discovered strength within myself
I did not know existed only to relive horrors
when vows shattered again against promises made
and I have seen how pain unrestrained
unfurls into the back of this void called infinity
where nothing is sacred nothing is light where no
one holds me in an embrace for better or worse
in a pledge of faith of holy ordinance forsaking all
others the flesh of others to love and to cherish
I have passed through the valley of shadows
walked on beds of broken glass and burning embers
with bloodied feet while the blaze of betrayal burnt my flesh
I was baptized by fire revealed in its flames
consumed by grief by a longing for life
before indiscretions turned my heart into the
sacrificial lamb whose blood stains the threshold to this home
yet no one is spared from the sickness of unfaithfulness
there can be no passover no freedom   from its slavery

Intentar

Dormir
con un
corazón roto
despertar
caminar la orilla del río
envolverte en
canción
hacer algo
más bien
todo
para seguir adelante
cuando te sientes tan
pequeña
intentar
y pues
intentar de nuevo
la traición
no dura
toda la vida
¿o sí?

Try

Sleep
with a
broken heart
wake
walk river bank
wrap yourself
in song
do anything
or rather
everything
to carry on
when you're
feeling so
small
try
and then
well try
again
betrayal
doesn't last
a lifetime
does it?

Cuando las palabras fallan

Todo estará bien
las cosas que dice la gente
cuando las palabras nos fallan
las lágrimas se desbordan de los ojos

Las cosas que dice la gente
temiendo lo desconocido
las lágrimas se desbordan de los ojos
te marcharás demasiado pronto

Temiendo lo desconocido
nos desprendemos del pasado
te marcharás demasiado pronto
abraza este momento

Nos desprendemos del pasado
cuando las palabras nos fallan
abraza este momento
todo estará bien

When Words Fail

Everything will be fine
the things people say
when words fail us
tears rush to my eyes

The things people say
afraid of the unknown
tears rush to my eyes
you will depart too soon

Afraid of the unknown
we let go of the past
you will depart too soon
embrace this moment

We let go of the past
when words fail us
embrace this moment
everything will be fine

Renacimiento

I

Luna de cosecha
crece sobre campos dorados
espigas
iluminadas aun
por la puesta del sol
globo aerostático rojo vela
horizonte rosa
me tomas de la mano
caminamos
bajo doseles de otoño
amor en todos sus colores

Renewal

I

Harvest moon
rises over golden fields
spikes
illuminated still
by sun setting
red hot-air balloon sails
pink horizon
you hold my hand
we walk
under canopies of autumn
love in full color

II

Canta el pájaro azul
desde una rama desnuda

cielo de granito
cubre campos glaseados

diente de león amarillo
sobre la nieve

II

Blue bird sings
from barren branch

granite sky
blankets frosted fields

yellow dandelion
in the snow

III

El cielo de zafiro brilla
sobre techos nevados
radiante solsticio invernal
irradia por la ventana
prometiendo sanar y liberar
alas heridas
se elevan tras el firmamento
deseo susurrado
alcanza la estrella de navidad

III

Sapphire sky shines
over snow-covered rooftops
radiant winter solstice
beams through my window
promises to heal and release
wounded wings
soar across heavens
whispered wish
reaching Christmas star

Manto celestial

El lecho de nuestro amor
manto celestial
aún guarda en sus estrellas
secretos de tres almas
una joven
aromas prolongados
mezclas de sudor con
vinos derramados en la piel
con un ligero sabor a poemas recitados
e improvisadas actuaciones
el lecho de nuestro amor
manto celestial
me cobijó anoche del frío
y en mis sueños
de nuevo sentí tus manos
cubriendo mi desnudez
sobre el lecho amoroso
manto celestial de azul intenso

Celestial Mantle

The riverbed of our lovemaking
celestial mantle
shelters in its stars
secrets of three souls
a young woman
prolonged aromas
sweat mixed with
wine spilled over flesh
with a slight hint of recited poems
and improvised performances
the riverbed of our love
celestial mantle
sheltered me last night from the cold
and in my dreams
I felt your hands once again
covering my nakedness
over the riverbed of our lovemaking
intense blue celestial mantle

Agua prohibida

Los amantes entrelazados sobre la mesa del bar
se besan con la furia de los dioses.
Olvidando respirar se estremecen los cuerpos
el hambre lo borra todo—
nada existe más allá del deseo
de abrazarse en el naufragio
o ahogarse en el agua prohibida
de un orgasmo por brotar.

Forbidden Waters

Lovers enlaced over the bar table
kiss with the fury of the gods.
Forgetting to breathe their bodies tremble
hunger erases everything—
nothing exists beyond a desire
to embrace in the shipwreck
or drown in the forbidden waters
of a sprouting orgasm.

Libertad

Con el viento del río
amante mío volverás a mí
columpiando deseos
bajo el sol del verano
en orillas pobladas
de las antiguas rutas de
venta de esclavos
y me rendiré a tu fuerza
me hincaré como la sierva
que fui de tu amor
no habrá nunca
liberación de tus aguas
de tus notas musicales
llenando de colores la noche
las fuentes brotan de regocijo
llévame a las orillas del río
me dejaré atar a tu voluntad
bésame como antes mi amante
la llama ilumina el camino
cruza el único puente entre nosotros

Liberty

With the river's wind
you will return to me my lover
swaying desires
beneath a summer sun
on populated shores
of former slave trade
river routes
and I'll give in to your strength
I'll kneel like the servant
as I was to your love
there will never be
freedom from your waters
from you musical notes
coloring the night
fountains overflowing with joy
take me down to the banks of the river
I'll allow myself to be tied to your will
kiss me like before my lover
flames illuminate the way
cross the only bridge between us

Herencia

Inheritance

Herencia

Mi abuela que vivía en
medio de los trigales
rodeada de álamos
podía rebanar un trozo de
su historia de los labios en
cualquier momento.

La muerte o el divorcio, cada
separación borró completamente
nombres de las ramas
del árbol de la familia.

Solía sacar una pluma de tinta
negra espesa y tachar los rastros
de los que habían dejado dolores
que ya no aguantaba como las
serpientes que sacrificaba al
caminar por sus tierras.

No se le permitió llorar ni
mostrar emoción alguna no había
tiempo que perder en trivialidades
como el duelo o el anhelo.

Arrancarle la cabeza y la amenaza
muere con ella. Una mujer de granjero
no tenía derecho a sentir emociones
mejor cortarlas de tajo de la estirpe

Inheritance

Grandmother who lived in
the middle of wheat fields
surrounded by cottonwoods
could slice a piece of her
history from her lips in any
given moment.

Death or divorce, all
separations completely erased
names from the branches
of the family tree.

She was known to take
thick black ink to blot out the
traces of those whose pain
she could no longer bear just
like the snakes she sacrificed
walking through her land.

No tears could be shed
no emotion conveyed no time
to waste on trivialities
like loss or longing.

Cut it off at the head and
the threat dies with it. A farmer's
wife had no right to emotions
best to sever them completely

cuando hay que cosechar el grano y
alimentar siete bocas.

Era como una piedra,
mi abuela
nada podía rebajar su
determinación de convertir semillas
en el futuro.

No pienses ni un segundo
que mi herencia me fallaría
ahora aunque estoy lejos
de las milpas que les enseñaron
a las mujeres de mi linaje a
ser fuertes como las piedras
aradas por las aspas del tractor.

from the lineage when there's
grain to harvest and seven
mouths to feed.

She was like a stone,
my grandmother
nothing could lower her
resolve to turn seeds
into the future.

Don't think for one second
that my heritage would fail
me now though I'm far
from the fields that taught
the women of my bloodline
to be strong like the stones
tilled up by the tractor's blades.

Abuela de siete hijos

A: Don, Jerry, Gene, Roy, Robert, Steve y David

Hija única de una hija única
mi abuela dio a luz
a siete hijos / siete hijos a sembrar semilla / siete hijos a
cosechar el grano
siete hijos a arrear ganado / siete hijos a correr los campos
siete hijos a manejar tractores
siete hijos a dormir bajo las estrellas

cuatro esquinas de tierra abrazando la trinidad

perfección septuplicada como los colores del arco iris
violeta, índigo, azul, amarillo, naranja, rojo y luz
tercero de los siete hijos de mi abuela
mi padre fue el rayo azul
corazón azul en el corazón del país
venas azules atravesando los postes de piedra marcando tierras
ojos azules como los de mi hija viendo más allá

tallos dorados regalo de siete corderos
siete hijos como siete piedras
siete catedrales / siete granjeros
siete revelaciones / el Sabbat el siete sol
siete notas en la escala musical
tercero de los siete hijos de mi abuela
mi padre fue la cuerda Mi

Grandmother of Seven Sons

To: Don, Jerry, Gene, Roy, Robert, Steve and David

Only daughter of an only daughter
my grandmother bore
seven sons / seven sons to plant seed / seven sons to
/harvest grain
seven sons to herd cattle / seven sons to run fields
seven sons to drive tractors
seven sons to sleep under stars

four corners of the earth embracing the trinity

sevenfold perfection like colors of the rainbow
violet, indigo, blue, yellow, orange, red and light
third of my grandmother's seven sons
my father was the blue ray
blue heart in the heartland
blue veins in the post rocks marking
lands blue eyes like my daughter's looking beyond

golden stems gift of seven lambs
seven sons like seven stones
seven cathedrals / seven farmers
seven revelations / Sabbath on the seventh sun
seven notes on the musical scale
third of my grandmother's seven sons
my father was the E string

la más fuerte de todas
el tono más brillante en el violín
rico como su nieto al tocar
Mendelssohn en Mi menor
dorada y filosa atraviesa
puentes elevando su tono más agudo
a los cielos

la voz humana nunca alcanza
la cuerda Mi de mi padre suena desde el cielo
primero de los siete hijos en ascender
entonces uno se convirtió en tres
cuatro esquinas de la tierra abrazando la trinidad

hija única de una hija única
mi abuela dio a luz a siete hijos
quienes solamente tuvieron tres críos y
siete crías
como las siete hijas de Atlas
siete hermanas aladas convertidas en estrellas
siete iglesias hermanas / siete ojos del espíritu del cordero
siete luces como lámparas en la tierra
siete hermanas y la historia de su nacimiento
que empezó con la hija única de una
hija única y luego sus estrellas iluminaron el cielo nocturno
y yo, la quinta de las nietas heredé
la bendición de los cinco sentidos, cinco dedos de la mano,
/cinco dedos del pie
la gracia de Dios y las cinco heridas de Jesús en la cruz
cinco secciones en el libro de los Salmos / estrella pentagonal
/en la pupila de mis ojos

the strongest of them all
most brilliant tone on the violin
rich like his grandson's
Mendelssohn in E Minor
golden and sharp it cuts
through bridges raising its highest pitch
to the heavens

the human voice can never reach
my father's E string rings down from heaven
first of the seven sons to ascend
then one turned to three

four corners of the earth embracing the trinity

only daughter of an only daughter
my grandmother bore seven sons
who in turn only bore three and
seven granddaughters
like the seven daughters of Atlas
seven winged sisters turned into stars
seven sister churches / seven spirit eyes of the lamb
seven lights like lamps on earth
seven sisters and the story of their birth
which began with the only daughter of an
only daughter then her stars illuminated the night sky
and I, the fifth of the granddaughters inherit
blessing of the five senses, five fingers, five toes
grace of God and Christ's five wounds upon the cross
five sections in the book of Psalms / star pentagon in the
pupil of my eye

hija única de una hija única
mi abuela dio a luz a siete hijos
siete hijos / tres nietos / siete nietas
y el linaje fluye como el agua

only daughter of an only daughter
my grandmother bore seven sons
seven sons / three grandsons / seven granddaughters
and the lineage flows on like water

Cuarto verde

Pintar el cuarto de verde
para un niño
verde para crecer
con suerte y esperanza

Verde para las ranas
que atrapará en el estanque
su alegría verde real
tranquila, lisa y redonda

Verde para el cuarto
que lo acoge antes
de subir al escenario

Verde porque lo
quiero verde el
cuarto color del arco iris
regalo del arcángel
para dar y recibir

Un cuarto verde para mi niño
que lo recibe ahora hombre
en el corazón del hogar que lo acunó
y le puso un violín entre las manos

Green Room

Paint the room green
for a little boy
green to grow
with hope and luck

Green for the frogs
he'll catch in the pond
royal green his joy
calm, smooth, and round

Green for the room
that hosts him before
taking center stage

Green because I love
him green the fourth
color of the rainbow
gift of the Archangel
to give and receive

Green room for my little boy
to welcome him home a man
to the hearth that cradled him
and put a violin in his hands

Estuche de violín

Elegante estuche negro
cubierto con calcomanías coloridas
una calavera de azúcar llamativa
mapa de su México
recordar nunca vencerse,
compositores favoritos
—Mendelssohn, Brahms, Beethoven—
otro mapa de México
tricolor
herencia hispana
entreteje en
la música
y carga
su violín
con orgullo
México
—*presente*—
con cada
paso del
arco

Violin Case

Sleek black case
covered with colorful stickers:
bright candy skull,
map of *México*,
reminder to never give up,
favorite composers
—Mendelssohn, Brahms, Beethoven—
another tri-colored
México map
Hispanic heritage
weaves into
the music
and carries
his violin
with pride
México
—*presente*—
with every
bow
stroke

Audición en el vórtice polar

Envuelto en seda
acunado en espuma
cubierto con
un abrigo de plumas de ganso
dentro de un estuche impermeable
tu violín viaja
sobre tu espalda
o a tu lado
pero siempre en las manos
temperaturas bajo cero
cancelaciones de vuelos
respiración cristalizada en
viento helado hasta los huesos
nada refrena
la música que
calienta
corazones

Audition in the Polar Vortex

Wrapped in silk
cradled in foam
covered with
a down coat
inside of an
impermeable case
your violin travels
on your back
or at your side
but always in your hands
subzero temperatures
flight cancellations
crystallized breath in
bone-chilling wind
nothing stops
music from
warming
hearts

Carta de aceptación

Los pasos del cartero
el rechino del buzón
acababas de meterte a bañar
entonces saqué la carta yo
un sobre tan grande como la vida
demasiado para ser un rechazo
la metí debajo de la puerta para que la abrieras
felicidades, se realizan los sueños
mojado y envuelto en una toalla
estabas listo para conquistar el mundo

Acceptance Letter

Mailman's footsteps
clanking of the box
you'd just stepped in the shower
so I retrieved the letter
large envelope like life
too big to be a rejection
I shoved it under the door for you to open
congratulations, dreams come true
dripping wet and wrapped in a towel
you were ready to take on the world

Te encargo a mi hijo

Nueva York, te encargo a mi hijo, ya sé que te han alabado mucho
en versos, en la pantalla grande, en canciones, en cada forma de arte, pero

ahora, Nueva York, te encargo a mi hijo. Mi hijo quien fue acuñado
con música, educado a versos, quien cuidó de su hermanita. Mi

hijo que creció en un pueblo pequeño, mi hijito morenito que
vive en dos idiomas, dos, que ya sé que son los tuyos también. Y ahora

Nueva York, te encargo a mi hijo. Protégelo, dale albergue de la
pandemia, de tus rascacielos, tu tráfico, tu ciudad que nunca duerme.

Ofrécele tus brazos, tus ritmos, dale todo tu amor,
tu amor de ciudad-inmigrante, tu amor hispano

el amor de bienvenida. Dale tu faro de luz para que
él brille desde dentro. Nueva York, te encargo a mi hijo. Abrígalo

del frío, de los cuchillos, del crimen a la vuelta de la esquina, de tu
viento cuando cala y tus entrañas. Nueva York, te encargo a mi hijo.

Lo cargué nueve meses en este vientre y te lo dejo ahora en el tuyo, Nueva
York, da vida, da luz, dale un canto a mi hijo.

I Send You My Son

New York, I send you my son, I know you've been praised
in many a verse, in film, in song, in every art form, but

now, New York, I send you my son. My son who was cradled
in song, nurtured on verse, who cared for his little sister. My

son who was raised in a small town, my little brown son who
has two languages, *dos*, which I know are yours too. And now

New York, I send you my son. Protect him, shelter him from
your pandemic, your skyscrapers, your traffic, your city-that-never

sleeps. Give him your arms, your rhythms, give him your love,
your immigrant-city love, your I-speak-Spanish your

all-are-welcome-here love. Give him your beacon of light may
he shine from within. New York I send you my son. Shelter him

from the cold, from knives, from crime around the corner, from
your wind when it bites and your bowels. New York I send

you my son. I carried him in this womb and release him to yours
New York give birth, give light, give song to my son.

Nueva York en el corazón

—marzo 2020

Sale el sol en Ohio como cualquiera otra primavera
se asoma como cada cuatro días y algunos rayos
calientan la piel desnuda

salen los niños a pasear en bicicleta
mientras algunos vecinos siembran semillas de luz
en los jardines ondean felices sus banderas
en tanto pasa la gente caminando hacia el parque
con sus perros

se escucha el cantar de los pájaros
primaverales que ya cuidan de sus nidos
y yo me columpio en el porche de mi casa
con el vaivén de la tristeza pensando
constantemente en mi hijo violinista en Nueva York

se vio forzado a cambiar el escenario por su dormitorio
y la iluminación por la poca luz que se filtra
por su ventana que da hacia la tumba de Grant único
público de su *performance* lamentando la muerte
que se respira por el aire, no sobra decir que estos días
todos tenemos a Nueva York en el corazón

New York in our Hearts

—March 2020

The sun shines in Ohio like any other spring
peeping out every four days or so
some rays even warm my bare skin

children ride their bikes
while some neighbors sow seeds of light
flags wave happily in their gardens
as people pass by walking to the park
with their dogs

you can hear the singing
of the birds that tend to their nests
and I swing on the porch of my house
with the sway of sadness thinking
constantly about my violinist son in New York

he traded the stage for his dorm room
and the spotlight for the sunbeams
that filter through its window facing Grant's tomb
sole audience to his performance lamenting
the spread of death through the air
these days we all have New York in our hearts

Viajeros de la libertad

—18 julio 2020

Busqué toda la mañana una fotografía
tomada hace unos seis años junto al ornamentado
espejo que antes adornaba la Casa Blanca —regalo
del presidente Hayes a su ciudad natal en Ohio. Como
dice la leyenda quienes se miran fijamente en su reflejo
se enamorarán como el presidente y su novia.

En la imagen el último de los viajeros negros de la libertad
estaba al lado de mis hijos de piel morena
aunque eran demasiado jóvenes para entender,
eran demasiado mayores como para no saber
lo que las llamas de su lucha de libertad, sus viajes de
libertad significaban para nosotros, para ellos, para todos.

Con asombro posaron para la foto junto a
la historia de nuestra nación: opulencia blanca, pasión negra,
ojos cafés reflejados en la sala de recepción
de la gran Capilla Gris. El espejo fue olvidado
hace mucho pero las llamas de la libertad aún
irradian de mi hijo cuando me manda un mensaje
temprano por la mañana desde Nueva
York de luto por ser el primero en decirme
que John Lewis ha muerto.

Me pide que le envíe la fotografía
y aunque la he buscado en todos los álbumes, se niega a
ser encontrada, así que como cualquier madre, lo consuelo:

Freedom Riders

—July 18, 2020

I searched all morning for a photograph
taken some six years ago next to the ornate
mirror that once hung in the White House—gift
of President Hayes to his hometown in Ohio. As
the legend goes whoever locks eyes in its reflection
will fall in love like the president and his bride.

In the image the last of the black freedom riders
stood side by side with my brown-skinned son
and daughter, though they were too young to
understand, they were too old to not know
what the flames of his freedom fighting, freedom
riding meant to us, to them, to everyone.

In awe they posed for the picture next to
our nation's history: white opulence, black passion,
brown eyes reflected in the reception hall
of the great Gray Chapel. The mirror long
forgotten yet the flames of freedom
radiate from my son as he sends
me an early-morning text from New
York in mourning to be the first to tell me
that John Lewis has died.

He asks me to send him the photograph
and though I've searched every album it refuses
to be found, so like any mother, I console him:

descansa en paz, descansa en el poder nuestro congresista
viajero de la libertad y le digo a mi hijo que
se meta en un buen lío pues el trabajo de John Lewis
aquí aún no se ha terminado.

rest in peace, rest in power our freedom-
fighting congressman and I tell my son
to go get into good trouble John Lewis'
work here is not yet done.

Violín en silencio

Majestuosa pícea
alcanzando el cielo desde el suelo forestal
¿soñaste con ser violín?

Siempreverde
¿sabías que cada largo invierno
pintaría tus notas?

¿Escuchabas
la profundidad de tu tristeza
en el viento?

O como los pájaros
que anidaban en tus ramas
¿alzaste las alas
y te alejaste
volando
junto al
canto?

Silent Violin

Majestic spruce
reaching for the sky from the forest floor
did you dream of becoming a violin?

Evergreen
did you know every long winter
would color your notes?

Could you hear
the depths of your sorrow
in the wind?

Or like birds
that nested in your branches
did you spread
your wings
and fly
away
in
song?

Traducir el silencio

Cuando vivías en esta casa
antigua y cuadrada con
paredes de yeso y pisos de madera
Mendelssohn resonaba por los
pasillos, respiración sincronizada con cadencia
latidos del corazón elevándose con el desplazamiento.
Mis dedos bailaban tras el teclado cuando
los tuyos aleteaban por el ébano con oro
atado. Las melodías sintetizadas en
cada palabra traducida. Ahora que los
pasillos resuenan con tu ausencia
no he aprendido todavía a traducir el silencio.

Translate silence

When you lived at home
this old four square with
plaster walls and hardwood floors
Mendelssohn would ring down the
halls, breath synchronized with cadenza
heart rate soaring with shifts. My
fingers danced across the keyboard
as yours fluttered along ebony laced
with gold. Melodies encapsulated in
every translated word. Now that the
halls echo with your absence I haven't
learned yet how to translate silence.

Sobre la autora

El Libro de traiciones surge de la conexión personal de la autora Jennifer Rathbun con la figura histórica de la Malinche, una mujer nahua de la costa del Golfo de México que jugó un papel esencial en la conquista española del imperio azteca como intérprete de Hernán Cortés. Sin lugar a dudas, es una de las figuras femeninas más emblemáticas de la historia de México. Como traductora y madre de niños mestizos, Rathbun se identifica con la Malinche e incorpora sus experiencias a la voz poética de *El libro de traiciones*. En los poemas de la colección, el lector descubrirá a una mujer profundamente conectada con la historia precolombina de México que da a luz a una nueva raza y, en última instancia, se sacrifica por amor. Los versos cantan a la belleza de los templos aztecas y mayas y al anhelo de reconectarse con sus dioses y diosas y con su voz interior.

Como traductora, Rathbun ha traducido y publicado obras poéticas completas de los poetas mexicanos Alberto Blanco, Fernando Carrera, Minerva Margarita Villarreal, Juan Armando Rojas Joo e Ivan Vergara y el poeta nacional colombiano laureado Carlos Satizábal. Rathbun es co editora de las antologías de poesía *Sangre mía / Blood of Mine: Poetry of Border Violence, Gender and Identity in Ciudad Juárez* (2013) y *Canto a una ciudad en el desierto* (2004). Además, ha publicado más de treinta traducciones poéticas de autores hispanos en prestigiosas revistas nacionales e internacionales como *The Dirty Goat, Terre Incognita, Prism International e International Poetry Review*. Jennifer Rathbun recibió su Ph.D. de la Universidad de Arizona en Literatura Latinoamericana Contemporánea y actualmente es profesora de español y directora del departamento de lenguas modernas y estudios clásicos en Ball State University en Indiana. Rathbun es miembro de The American Literary Translators Association (ALTA) y es editora en la casa editorial de poesía Ashland Poetry Press.

About the author

The Book of Betrayals arises from author Jennifer Rathbun's personal connection to the historical figure of la Malinche – a Nahua woman from the Mexican Gulf Coast who played an essential role in the Spanish conquest of the Aztec empire as an interpreter for Hernán Cortés. Undoubtedly, she is one of the most iconically potent female figures in Mexico's history. As a translator and a mother of mestizo children herself, Rathbun identifies with la Malinche and incorporates her experiences into *The Book of Betrayals'* poetic voice. In the poems in the collection the reader will discover a woman deeply connected to Mexico's Pre-Columbian history who gives birth to a new race and ultimately sacrifices herself for love. The verses sing to the beauty of the Aztec and Mayan temples and to a longing to reconnect with their gods and goddesses and to her inner voice.

As a translator, Rathbun has translated and published complete poetic works by Mexican poets Alberto Blanco, Fernando Carrera, Minerva Margarita Villarreal, Juan Armando Rojas Joo, and Ivan Vergara and Colombian national poet laureate Carlos Satizábal. Rathbun is co editor of the anthologies of poetry *Sangre mía / Blood of Mine: Poetry of Border Violence, Gender and Identity in Ciudad Juárez* (2013) and Canto a una ciudad en el desierto (2004). In addition, she has published more than thirty poetic translations of Hispanic authors in prestigious national and international reviews and journals such as *The Dirty Goat, Terre Incognita, Prism International, and International Poetry Review.* Jennifer Rathbun received her Ph.D. from the University of Arizona in Contemporary Latin American Literature and she is currently a Professor of Spanish and Chair of the Department of Modern Languages and Classics at Ball State University in Indiana. Rathbun is a member of The American Literary Translators Association (ALTA) and she is the Associate Editor of Ashland Poetry Press.

Reconocimientos / Acknowledgments

"Goodbye Bouquet," "Alone," "New York in our Hearts" *Beltway Poetry Quarterly Responding to Art in Times of Crises Vol. I.* 2020. Web.

"National Palace," "Temple of the Sun," "Temple of the Moon," "Dead Language," "Painted on Stone" *Ablucionistas.* 6/24/2020. Web.

"Danger No Trespassing," *Hispanic Culture Review* 2018-2019, Print.

"Malintzin" and "Malinche's Dream," *Latino Book Review Magazine* (1) 2019, TX, 22. Print.

"Coatlicue." *La Mujer Rota: Un Homenaje a las Mujeres Rotas del Mundo Poesía de autoras y autores hispanohablantes en el Centenario del Natalicio de Simone de Beauvoir.* Guadalajara, Mexico: Literalia, 2008.

Elogios adelantados para *El libro de traiciones*

En estos poemas encontramos una doble herencia y cultura, la personal y la histórica, la tarea de la traductora y la amante en dos idiomas. Cuando la voz poética de "Tierra natal" pregunta "¿dónde están tus hijos ahora?" la pregunta se refiere a la familia, pero también a la nación (México) que pierde a su descendencia. En "Reflejo" el cuerpo de la madre se convierte en "el códice sobre el cual la historia se escribe". El tiempo presente en "Lengua muerta" revela la "eternidad mágica del momento". No todo es mágico, sin embargo: los campos de trigo del corazón de los Estados Unidos le enseñan a una abuela en "Herencia" que no se debe derramar lágrimas por "trivialidades" como "el duelo o el anhelo". Hay traición, pero también fidelidad y perseverancia del amor.

— Deborah Fleming, autora de *Resurrection of the Wild*

El libro de traiciones echará a correr el pulso del corazón e incendiará la sangre. Estas historias de traiciones desde donde nacen las culturas, la verdad y la historia, hacen de este libro una lectura imprescindible en nuestro tiempo y para todos los tiempos. No he leído poemas más satisfactorios, enseñables y humanistas en la poesía contemporánea.

—Indran Amirthanayagam, autor de *The Migrant States*

Advanced Praise for *The Book of Betrayals*

In these poems we find dual heritage and culture, the personal and historical, the task of the translator and lover in two languages. When the speaker in "Motherland" asks "where are your children now?" the question refers to the family but also the nation (Mexico) which loses its offspring. In "Reflection" the body of the mother becomes "the codex on which history is written." The present tense in "Dead Language" reveals the "magical eternity of the moment." Not all is magical, however: the wheat fields of the Midwest teach a grandmother in "Inheritance" that no tears should be shed on "trivialities" like "loss or longing." Betrayal there is, but also fidelity and the endurance of love.

—Deborah Fleming, author of *Resurrection of the Wild*

The Book of Betrayals will make your heart beat race and set your blood on fire. These stories of betrayals from which cultures, truth and history are born, make this book essential reading in our time and for all time. I have not read more satisfying, teachable and humanist poems in contemporary poetry.

—Indran Amirthanayagam, author of *The Migrant States*

La poesía de Jennifer Rathbun es fibra conectora entre la voz femenina en Tlaltícpac y la memoria histórica. Sus versos, como conversaciones íntimas, conjuros y confesiones, eclosionan entre marejadas de melancolía en una senda poética, caminos físicos y mitológicos en donde la voz poética se entrelaza y se redimensiona. Con ondas telúricas, esta colección a dos voces es una ejecución ekfrástica entre declaraciones visuales, afinadamente alineadas. La lírica metafísica de Rathbun toca y edifica el cuerpo de mujeres y diosas, consiguiendo con esta colección, su propia apoteosis.

—Rossy Evelin Lima
Poeta internacional laureada

En mis manos camina la poesía de Jennifer Rathbun, y en ella: sus amores, el amor por la historia de México y el dolor que le causan. Ella viaja, y en su recorrido pregunta, indaga, invoca y hace múltiples homenajes; así va encontrando respuestas en cada parada que hace, para poner todo lo sentido por años, en ese papel que lleva siempre para que sea testigo de lo que carga adentro, en el fondo de su alma.

Ella es la amante, buscadora del origen de sus versos en los antepasados, en la abuela, la madre, la hija y el país que en el Sur; dentro y fuera de su hogar existen, desde que se internó para conocer las diosas y sus leyendas. Ha hallado además, a los muralistas, quienes en sus trabajos han dejado impreso su tormento, pero también su denuncia poderosa que a la vez, es la de ella.

En *El libro de traiciones*, Rathbun es traductora de los dolores y los amores del pasado y del presente de la voz poética. En la lectura de cada verso, quedan traducidos el silencio y el vacío, la traición y el perdón multiplicado, el abrazo y el encargo, la espera y la esperanza.

Jennifer Rathbun's poetry is the connecting fiber between the female voice in Tlaltícpac and historical memory. Her verses, as intimate conversations, incantations and confessions, emerge amid tides of melancholy on a poetic journey and physical and mythological pathways along which her poetic voice weaves and transforms. With telluric waves, this collection in two voices is an ekphrastic performance between finely aligned visual statements. Rathbun's metaphysical lyric touches and builds the bodies of women and goddesses, achieving with this collection, its own apotheosis.

—Rossy Evelin Lima
International award-winning poet

Jennifer Rathbun's poetry flows through my hands, and in it: her loves, her love for the history of Mexico and the pain they've caused her. Rathbun travels, and in these journeys her poetic voice asks, inquires, invokes and makes multiple tributes; that's how she discovers, at every stopping point along the way, answers in order express everything she's felt for years on that paper she's always carried as a witness to what she carries inside, in the depths of her soul.

She is the lover, seeker of the origin of her verses in the ancestors, in the figure of the grandmother, the mother, the daughter and in that country in the south. They've existed both inside and outside of her home ever since she went to meet the goddesses and their legends. She's also encountered the muralists, who've left their legacy of torment and powerful denunciation imprinted in their works, which at the same time is hers.

In The Book of Betrayals, Rathbun is a translator of the past and present pains and loves of the poetic voice. In the reading of each verse, silence and emptiness, betrayal and forgiveness multiplied, embrace and request, waiting and hope are translated.

El libro de traiciones me ha acompañado y me doy cuenta de que hay tanto por aprender, que la palabra de Jennifer Rathbun debe divulgarse, en esa "nueva lengua en la que ahora am[a]."

—Yrene Santos
Poeta
Co-organizadora de
The America's Poetry Festival of New York

The book of betrayals has accompanied me and I realize that there is much to learn, that Jennifer Rathbun's word must be spread, in that "new language in which [she] now loves."

— Yrene Santos
Poet
Co-organizer of
The America's Poetry Festival of New York

* 9 7 8 1 9 5 2 3 3 6 0 6 5 *